ÉLOGE

HISTORIQUE

DE M. NAULT

PAR M. FOISSET,

CONSEILLER A LA COUR IMPÉRIALE.

Extrait des Mémoires de l'Académie impériale des sciences,
arts et belles-lettres de Dijon

(année 1856).

Dijon

IMPRIMÉRIE LOIREAU-FEUCHOT

place Saint-Jean, 1 et 3.

1856

ELOGE HISTORIQUE

DE M. NAULT

On dit que les hommes de notre temps ont la mémoire courte : je viens protester contre cette injure. Peu de jours après la mort de M. Nault, j'ébauchais un juste mais incomplet hommage à sa mémoire. Aujourd'hui je n'hésite point à reprendre la parole sur cette tombe désormais scellée : pour dessiner une figure, il ne faut être ni trop près ni trop loin du modèle ; le moment d'achever le portrait de M. Nault me semble arrivé.

Il y a ici d'ailleurs un intérêt d'un ordre élevé ; il y a plus qu'une biographie individuelle. Nul n'est isolé dans la chaîne des générations humaines ; chacun de nous est de son temps ; chacun de nous aussi tient par quelques points à ceux qui l'ont précédé, comme par d'autres points à ceux qui le suivent. Ce sera donc placer M. Nault sous le jour qui lui est propre, que de montrer à côté de lui les hommes qui furent ses maîtres, puis ceux dont il fut ou l'émule dans sa jeunesse, ou le contemporain dans son âge mûr. Qui ne voit qu'il y a là toute une page inédite de notre histoire domestique, à une époque mémorable assurément de l'histoire générale de France ?

M. Nault (Jean-Paul-Bernard) était né à Dijon le 16 juillet 1781. Son père et son grand-père paternels étaient professeurs à l'Université ; c'était le nom que portait alors l'Ecole de droit de Dijon, l'une des grandes institutions municipales de notre Bourgogne. Son aïeul et son bisaïeul maternels, MM. Lacoste, d'origine méridionale, avaient illustré le barreau de cette province par une vivacité d'esprit héréditaire, dont la transmission à leur petit-fils et arrière-petit-fils faisait dire naguère à un homme éminent que M. Nault était un vivant témoignage de la vitalité des races.

M. Nault lui-même en était frappé. Au revers du portrait de son aïeul maternel, il a écrit ceci :

« Jean-Baptiste Lacoste, avocat au Parlement (1), esprit juste, net et pénétrant, qui, dans toute question, allait droit à la raison de décider, sans détour ni vaines

____

(1) Né le 10 mars 1725, mort le 14 septembre 1793.

paroles. Unissant la clarté de l'élocution à la science des lois, il excella dans la plaidoirie, où il dominait par la force et la vivacité de sa dialectique. Avocat non moins renommé par l'indépendance de son caractère (1) et la délicatesse de sa probité que par l'éclat de son talent : l'un des types de cette bourgeoisie de l'ancienne France, attachée à la Religion et à l'Etat, mettant la considération publique avant l'argent, et n'attendant dans la famille un mouvement ascendant que du travail et de la persévérance. — Voué à la profession de mon aïeul, j'ai couru les chances de mon temps, où l'avocat, dans sa carrière, pouvait prendre un plus libre essor, où la vie civile, dans ses phases, avait ses écueils et ses périls. J'ai dû mes succès à un instinct oratoire de famille, à l'amour de mon état, qui eut pour moi l'attrait d'un art, à des efforts incessants que la bienveillance du public n'a jamais ralentis. Quant à mes travaux littéraires, ils m'ont servi de support contre le choc des événements, tenant ma pensée tournée vers un pôle nouveau et sauvant mon ame du *venin de l'ennui*, selon le mot de Pascal. Dans une carrière toujours la même, mon grand-père avait fait de la littérature un délassement ; et de son état, l'occupation de sa vie. — Facultés analogues et fortunes diverses ; mais tout un monde entre deux vies d'hommes. »

M. Nault fit ses études au collége de Dijon, où il eut, dans sa classe même, pour condisciple et pour émule, M. Brifaut, de l'Académie française, qui est demeuré

---

(1) En 1771, l'avocat Lacoste ferma son cabinet, renonçant à son état plutôt que de plaider devant le nouveau Parlement.

son ami jusqu'à la fin. A quatorze ans, il sortait de rhé-
torique.

On était en 1795, époque de transition s'il en fut et de
tâtonnements en tout genre.

On venait de fonder l'Ecole Polytechnique : une au-
réole merveilleuse resplendissait dès lors sur cette créa-
tion récente ; il semblait qu'il n'y eût plus en France
désormais d'autre étude raisonnable que celle des sciences *exactes*. J'ai sous les yeux le chiffre des élèves qui
fréquentaient le collége de Dijon le 12 frimaire an III
(2 décembre 1794) ; j'y trouve six rhétoriciens, quatre
humanistes et quatre-vingts mathématiciens. M. Nault
suivit le torrent avec son frère Emilien, le même que
nous avons connu officier supérieur d'artillerie, causeur
si brillant et si bon juge des choses de l'esprit. Doit-
on s'étonner de cet entraînement ? L'avocat Lacoste
n'existait plus ; et, d'ailleurs, la Révolution avait em-
porté les traditions de famille et les professions hérédi-
taires. Le nom d'avocat avait été aboli comme entaché
d'ancien régime. Les *hommes de lois*, comme on disait
alors, offraient je ne saurais dire quel mélange d'hommes
instruits et de praticiens ignares, pêle-mêle justement
odieux aux Anciens du Barreau. M. Nault donc s'en-
ferma comme tant d'autres dans les mathématiques, et
il allait concourir pour l'*Ecole* quand son père lui fut
enlevé (1). Cette mort décida de sa destinée. La mère de
M. Nault ne voulut point se séparer de son fils aîné ; les
sciences eurent tort, et ce fils fut conservé à sa vocation
naturelle.

---

(1) Le 8 frimaire an VI (28 novembre 1797).

Jamais homme, en effet, ne fut plus véritablement fait pour les lettres. Jamais homme n'eut l'intuition plus prompte, plus vive, plus passionnée, des beautés comme des défauts d'un écrivain. Aussi, chose remarquable! dans ce paroxisme de déclamation qui a marqué la fin du XVIIIe siècle, M. Nault fut toujours fidèle aux classiques français. Il ne se lassait point de les relire avec M. Brifaut, en compagnie de M. Riambourg, autre déserteur des études scientifiques. De là ce sens littéraire si fin et généralement si sûr; de là cet amour de la sobriété, de la correction, de l'élégance noble et soutenue; de là ce sentiment (chaque jour plus rare, hélas!) de la propriété des termes et de l'expression fidèle à la pensée. Il est permis de croire que M. Nault dut beaucoup, sous ce rapport, à M. Volfius, ancien professeur d'éloquence au collége de Dijon, homme d'une exquise politesse d'esprit, nourri dans les plus saines traditions des bonnes lettres. — Il ne dut pas moins, certes, à l'amitié d'un homme que je n'ai pas besoin de nommer (1).

Ainsi s'écoulèrent pour M. Nault les années de l'adolescence. La jeunesse alors n'était point un mot. La vie n'était point hâtée, haletante, soucieuse, comme les mœurs nouvelles nous l'ont faite. On éprouvait moins cette impatience de se faire une carrière, cette démangeaison de paraître, ce besoin prématuré du succès. Le tourment des examens était inconnu. La fièvre de l'avancement était à naître.

C'était l'heure pourtant où, décidément maîtresses du champ de bataille ouvert en 1789, les classes moyennes

____

(1) M. Frantin l'aîné.

entraient dans la seconde phase de leur règne. Les théoriciens, diversement fameux, de la Constituante et de la Convention cédaient la place ou se mêlaient à toute une génération nouvelle *d'hommes-pratiques*, hommes de guerre, administrateurs, magistrats, dont le cachet commun était une activité presque fabuleuse dans tous les services publics. Un moment vint où, cédant à ce mouvement général, l'élite de la jeunesse dijonnaise se pressa au cours de droit ouvert par un homme que nous nous honorons tous d'avoir eu pour maître, M. Poncet. M. Riambourg et M. Nault furent au nombre de ses auditeurs; leur vocation publique à tous les deux était trouvée. La loi du 22 ventôse an XII avait rétabli le tableau des avocats : M. Nault y fut inscrit le 25 juillet 1806 ; il avait vingt-cinq ans.

Marié l'année d'après à la fille unique d'un conseiller à la Cour, M. Duclos, qui a été la fidèle compagne des bons et des mauvais jours de sa vie, il attendait d'un hasard heureux, comme il l'a dit lui-même, l'occasion d'essayer son talent, quand, au commencement de 1808, un avoué déposa sur son bureau les pièces d'un procès placé au rôle solennel. M. Nault devait cette bonne fortune à la bienveillance d'un *Ancien*, M. le professeur Joly, dans le cabinet duquel il avait travaillé.

L'affaire était grave. Un paysan était accusé d'avoir violé un dépôt de 80,000 fr., confié à sa foi durant la tourmente révolutionnaire. Il soutenait avoir fidèlement rendu tout ce qui lui avait été remis. Les premiers juges avaient vu là un de ces dépôts privilégiés que la loi qualifie de *nécessaires* ; ils avaient ordonné une enquête, puis l'avaient déclarée concluante... Le client de M. Nault était appelant. Sa cause, on le voit, n'était pas de celles

auxquelles s'attache d'avance la faveur publique ; c'était
là une difficulté de plus. Dans une première audience, le
jeune avocat exposa les faits d'un ton calme, naturel et
vrai ; la Cour lui fit savoir qu'elle était satisfaite, mais
on l'attendait à la discussion du Droit. M. Nault avait à
prouver que le dépôt avoué par son client n'avait point
les caractères tout exceptionnels qui permettent l'admis-
sion de la preuve testimoniale : ses points de droit, dis-
posés avec art, furent développés avec force, plénitude
et clarté ; la bienveillance des juges alla croissant. Le
troisième jour, consacré à l'examen des enquêtes, le Procureur Général amena ses amis pour entendre le débu-
tant. « Je vois encore, écrivait M. Nault trente ans après,
je vois encore M. Ballant appuyé sur la barre derrière le
siége du Premier Président et tenant fixé sur moi son
regard pénétrant. » Une discussion vive et chaleureuse
des déclarations des témoins enleva les suffrages, et, le
20 mai 1808, M. Nault gagnait sa première cause tout
d'une voix.

De ce moment, les avoués prirent le chemin de son
cabinet. Mais le jeune avocat sut résister à l'enivrement
du succès ; il ne plaida qu'à d'assez longs intervalles, et
toujours avec éclat. Ainsi ont fait tous les maîtres.

Ici je laisse la parole à M. Nault.

« Je donnais, dit-il, aux soins d'une cause le temps
que mes confrères prenaient pour dix. Mais, dans toute
carrière où les facultés de l'esprit sont en jeu, un homme
ne saurait atteindre toute sa valeur que par l'émulation :
il faut joûter d'abord contre plus fort que soi ; autrement
l'esprit s'allanguit, ou il s'égare dans les voies d'une pré-
somption décevante. Trois choses font les hommes : le
naturel, l'étude et l'exemple.

« Quand j'arrivai au barreau, des hommes habiles pouvaient servir de modèles, sinon de tous points, du moins pour les parties essentielles de l'art. D'un autre côté, la magistrature offrait dans ses rangs des notabilités recommandables par l'expérience et les lumières, quelques-uns de ces hommes dont l'éloge ou la censure laisse trace, dont le suffrage peut flatter un esprit élevé et soutenir son ardeur. Les uns et les autres de ces hommes distingués avaient leur physionomie propre bien marquée, et dont j'ai gardé le souvenir (1).

« L'avocat BOUCHARD était l'aigle du barreau. Nul n'a plaidé plus naturellement bien. C'était dans la discussion des moyens une plénitude de raison et de vérité qui pénétrait l'esprit du juge, et, chez l'adversaire, déconcertait toute réplique. Cet homme, avec son argumentation, était irrésistible dans le débat d'une question de droit. Il n'avait pourtant ni fond de science, ni lettres. A une jeunesse oisive et dissipée avait succédé, sans transition pour lui, la vie des affaires, et il passait habituellement dans le monde le temps qu'il ne donnait pas à l'examen du dossier ou à l'audience. Mais il était né avocat. Aussi était-il tout-puissant dans l'improvisation et dans la réplique, et jamais meilleur que lorsqu'il s'adonnait à son naturel : au-dessous de lui-même seulement quand il voulait mettre de l'apprêt dans sa cause, parce

---

(1) Six Procureurs Généraux sont sortis du barreau de Dijon de 1802 à 1822 : M. Legoux, successivement placé à la tête du Ministère Public à Dijon, à Gênes et à Paris; M. Ballant, à Dijon; M. Bouchard, à Poitiers; M. Jacquinot, à La Haye (puis à Paris); M. Riambourg et M. Nault, à Dijon. Nous ne comprenons point dans cette liste M. Bouvier, Procureur Général à Besançon durant l'Empire, lequel appartenait en 1789 au barreau de Dijon, ni M. Dézé, Procureur Général criminel avant 1811.

qu'il manquait de ces ressources de l'art que donnent l'étude et la méditation. Nommé Procureur Général à Poitiers lors de l'institution des cours impériales, il voulut, dans le pays où il arrivait homme nouveau, s'accréditer par son talent supérieur de discussion. Deux causes dans lesquelles il porta la parole ont laissé un souvenir qui n'est pas encore effacé. Il soutint cette impression favorable par l'aménité de son caractère et sa bonne administration. Il a terminé sa carrière à son poste, universellement regretté dans la nouvelle patrie qu'il s'était donnée.

« M. Bouchard devait tout à la nature ; son émule l'avocat Jacquinot se soutenait à côté de lui par une préparation laborieuse. Il avait fait en Droit de bonnes études ; il était doué d'un extérieur agréable et d'un organe flatteur ; il avait la connaissance et l'usage du monde ; il joignait à ces avantages une belle aisance de fortune, si propre à relever le mérite réel. M. Jacquinot visait à l'éloquence, et il maniait, non sans habileté, ces lieux communs de l'oraison que l'avocat peut mettre en œuvre dans l'exercice de son ministère. Et toutefois, son esprit simple, délié, pénétrant dans les affaires, — appliqué aux choses de l'ordre moral manquait à certains égards de finesse et d'étendue. Aussi son talent, prépondérant au Palais, vint-il plus tard échouer à la Tribune. Mais il a joui au Barreau d'une réputation méritée ; et, dans la carrière de la Magistrature, il s'est distingué par des qualités d'un autre ordre qui l'ont placé au premier rang. Une ardeur incessante de bien faire et d'aller en avant secondait sa capacité naturelle : zèle profitable à la chose publique, quel que soit le stimulant qui l'anime. Toujours vigilant, toujours accessible, toujours prêt à tout, le Pro-

cureur Général de Paris était éminemment l'homme de
son poste ; il a laissé dans les deux parquets qu'il a successivement dirigés le renom d'une supériorité marquée
dans l'administration.

« J'ai dit qu'en face de nous siégeaient sur les bancs
de la magistrature quelques hommes marquants, justes
appréciateurs de nos efforts, et propres à nous stimuler
dans la carrière.

« Le Procureur Général, M. BALLANT, avait suppléé,
par une haute capacité et un travail opiniâtre de quelques
années, aux lacunes d'une éducation imparfaite. Venu à
Dijon pour y exercer la profession d'avocat, il s'était fait
distinguer par une merveilleuse clarté et la force de sa
dialectique. Mais il fut bientôt appelé à remplir les fonctions du ministère public, auquel le rendaient éminemment propre la netteté de son discernement et l'autorité
de sa parole. Je n'ai connu personne qui élucidât comme
lui une affaire embrouillée et difficile. Il ne prenait point
de notes dans la cause la plus compliquée, et il résumait
sur-le-champ. Une conception rapide, une présence
d'esprit que rien ne mettait en défaut, une mémoire
parfaite lui tenaient lieu de méditations et d'études. Cet
homme avait le sentiment de sa supériorité, et il l'exprimait avec indiscrétion. Il avait pour la médiocrité ce
dédain profond que lui porte un homme qui s'est fait lui-
même ; il se plaisait à l'humilier et à lui faire sentir ses
mépris. De là les nombreux ennemis qu'il s'était faits et
qui troublèrent de bonne heure la sérénité de sa vie. En
revanche, il se sentait une sympathie pour le talent partout où il croyait le reconnaître. Ce sentiment si élevé
prévalait même dans son esprit sur toutes les considéra-
ions de politique ou d'opinion : témoin la faveur décla-

rée qu'il porta à **M. Riambourg**, à l'encontre des conseils de ses amis. C'est à lui que j'ai dû mon état, et quand je devins son collaborateur, il soigna mes succès et ma réputation comme une chose à lui propre.

« Le Président **Guillemot** contrastait avec le Procureur Général. C'était un homme d'un caractère froid, prudent, politique. Il cachait sous l'apparence de la simplicité la finesse de sa pénétration et ses hautes lumières. Il vivait à l'écart, hormis les relations indispensables de son état, glissant à travers les divisions qui troublaient sa Compagnie et y remplissant le rôle de modérateur. Il était savant dans le Droit, qu'il avait professé, bon humaniste et très-lettré. La douceur de ses mœurs et son mérite reconnu lui avaient concilié l'estime de tous, sans qu'il fût envié de personne. Par une sorte de nonchalance, il exprimait laconiquement son opinion au conseil; mais, quand il lui arrivait de la développer, c'était avec une mesure parfaite d'expression et une rare élégance de langage.

« **M. Riambourg** était un homme jeune alors; mais, dans l'opinion publique comme au-dedans de la Cour, il comptait, pour la sévérité de ses mœurs et la solidité de son esprit, parmi les plus graves personnages de la Compagnie. Il n'avait fait que traverser la profession d'avocat pour arriver à la Magistrature, dont les fonctions s'accordaient avec les habitudes calmes de son âme, avec cette liberté de conscience qu'il prisait avant tout, et qui chez lui s'effarouchait des exigences de la clientèle. Nommé conseiller-auditeur en 1808, il remplaçait parfois le Procureur Général à l'audience; et, dans ses conclusions, il faisait dès lors remarquer une composition originale et forte, une dialectique chaude et nerveuse, qu'il devait porter plus tard dans des travaux d'un ordre plus élevé, quand il suivrait la pente de son génie naturel vers les sciences métaphysiques. »

Voilà dans quel milieu M. Nault avait grandi quand il fut appelé à la vie publique. Le 30 janvier 1812, il devenait avocat général à Dijon, en remplacement de M. Jacquinot, envoyé comme procureur général à La Haye. Il était alors dans sa trente-unième année.

Aucun acte de l'administration de M. Ballant ne lui fait plus d'honneur que cette nomination, due tout entière à sa généreuse initiative. M. Nault avait à peine quatre ans de Palais. La tournure toute littéraire de son intelligence ne semblait pas devoir être un titre aux yeux du Procureur Général, homme d'affaires dans toute la portée du terme. Bien des doctrines chères à M. Nault n'étaient même point peut-être les doctrines de celui qui allait être son chef. N'importe : M. Ballant, comme tous les hommes forts, aimait le mérite avec passion ; il voulut que M. Nault entrât au Parquet avec le rang que réclamaient ses succès au Barreau, et il le soutint de toute son autorité. Grand et rare exemple !

Jamais choix, du reste, ne fut mieux justifié. M. Nault était né avocat général. Les dix années qu'il passa dans ces hautes fonctions furent sans contredit les plus heureuses et les plus brillantes de sa vie. A Dijon (au Palais du moins), aucun homme de notre temps n'a porté le poids de la parole publique avec une supériorité plus voisine de la perfection. A l'audience on ne sache pas qu'il soit jamais échappé à M. Nault un seul mot qui n'eût pu être imprimé sur l'heure et défier, à la lecture, la critique la plus sévère. Un homme qui aurait eu le dos tourné aurait cru entendre lire un réquisitoire de

Daguesseau : l'illusion eût été complète. S'il y avait un défaut dans les réquisitoires de M. Nault, c'était peut-être leur perfection même, tant l'improvisation s'y faisait peu sentir ! Et pourtant, s'il préparait beaucoup, s'il avait le don de *composer de mémoire des parties de discours entières*, il écrivait peu ; mais, quand il parlait, le sens littéraire ne l'abandonnait jamais. Cela ne l'empêchait pas de bien conclure, et la preuve, c'est qu'attaché dix ans à la chambre civile, il a fait constamment arrêt, sauf une seule affaire où M. Guillemot opina contre lui.

Je n'ai point encore parlé de M. Nault comme accusateur public. C'est à la Cour d'Assises, toutefois, qu'il s'était acquis cette popularité oratoire dont le souvenir est encore vivant après trente années. Pour moi, je n'oublierai jamais sa réplique du mois de mai 1821 dans une accusation de meurtre. Le crime poursuivi remontait à plus de trois ans et le corps du délit manquait tout à fait. La défense niait le fait même du meurtre ; puis, partant de ce point concédé par l'accusation, qu'il n'y avait pas eu préméditation, elle disait : « Je vois sur ce banc trois accusés, lequel est coupable ? Qui l'a vu ? Qui le sait ?

« Devine si tu peux, et choisis si tu l'oses? »

M. Nault osa choisir : sur sa réplique, deux des accusés furent déclarés coupables *à l'unanimité*.

Disons-le néanmoins, la lecture des plaidoyers imprimés de M. Nault ne donnerait qu'une idée fort incomplète de l'effet qu'il produisait à l'audience. « Quelle est la partie principale de l'éloquence ? demandait-on à Démosthènes. — L'action, répondait le grand orateur. — Et la seconde? — L'action. — Et la troisième? — L'action. » A tous ceux qui, par les seuls écrits de M. Nault, prétendraient le connaître tout entier, nous répondrons toujours : Que serait-ce si vous l'aviez entendu lui-même?

Cicéron n'a point cru se diminuer aux yeux de la postérité en la mettant dans la confidence des études prolongées et des exercices secrets par lesquels il s'était préparé à l'action publique. Parmi les hommes qu'il m'a été donné de connaître, M. Nault est le seul qui ait pris littéralement au mot les conseils et les exemples de l'orateur romain. Qui pourrait dire à quels patients efforts un esprit aussi vif a dû cette action oratoire si parfaitement appropriée à son éloquence grave et tempérée, cette voix vibrante et mordante, cette absence de précipitation qui permettait à l'orateur de marquer avec l'accent, et dans une mesure parfaite, toutes les nuances de sa pensée, cette justesse d'intonation, cette dignité de maintien si pleine d'autorité, sans que jamais elle dégénérât en froideur, tout cet art, en un mot, toute cette prosodie, tout cet accord du geste et de la voix? En ce genre, M. Volfius était un grand maître; nul n'a su mieux dire et mieux lire. M. Nault en eut un autre encore : ce fut son grand oncle par alliance, M. Decullion (1), échappé à la catastrophe de Saint-Domingue, où il s'était fait une fortune à l'aide de son talent de barreau, vieillard plein d'originalité, de verdeur et de feu, digne du pinceau d'un Walter-Scott. « Il lisait admirablement bien, écrit M. Nault, il lisait admirablement bien, avec un accent pénétrant qui vibre encore dans ma mémoire; et moi, qui rapportais tout à mon art, j'étudiais sa diction et je recueillais ses conseils. »

----

(1) Aïeul maternel de M. le conseiller Piffond, doyen de la Cour.

En 1822, la charge de Procureur Général à Dijon devint vacante. Depuis dix-huit mois, pendant que le titulaire, M. Vandeuvre, siégeait à la Chambre des députés, M. Nault en remplissait les fonctions. Un seul homme à Dijon pouvait se porter son compétiteur : c'était M. Riambourg, qui avait occupé cette place avant M. Vandeuvre, qui l'avait perdue à la suite d'un changement de Cabinet et dont les amis politiques se retrouvaient alors tout puissants. Mais M. Riambourg déclina toute candidature; et M. Nault, nommé le 20 juin 1822, fut Procureur Général jusqu'au 6 août 1830.

Tous ceux qui, à des degrés divers, ont été ses collaborateurs durant cette période, se rappellent encore avec un sentiment très-vif à quel point le Parquet était alors une famille. Mais la facilité de commerce de M. Nault n'enlevait rien pour personne au juste sentiment de la supériorité qu'il s'était acquise parmi ses collègues. Elle éclatait surtout dans sa correspondance, et l'on ne peut se dissimuler qu'il n'en fût redevable aux habitudes d'esprit et de langage qu'il s'était faites dans le commerce assidu des classiques. Ce n'était pas à Dijon seulement que cette supériorité était reconnue : les fonctions de Procureur Général à Lyon, celles d'avocat général à la Cour de Cassation, furent inutilement offertes à notre compatriote; on hésita même, dit-on, entre M. Chantelauze et lui pour les fonctions de Garde des sceaux au mois de mai 1830.

Mais les jours de la Restauration étaient comptés : un coup de foudre vint arracher M. Nault, dans toute sa maturité, dans toute sa force, à sa chaise curule, à la possession libre, tranquille, honorée, de la situation sociale qu'il s'était faite au prix des efforts de toute une vie. « Rude épreuve ! » comme il l'a écrit lui-même en parlant d'un autre (1).

M. Nault, toutefois, ne vérifia point pour sa part ce mot de Buffon, que le grand nombre, parmi les hommes, meurt de chagrin.

Rien n'est plus digne de servir d'exemple que les vingt-six années qui ont suivi sa disgrâce. Il perdait en un jour, à quarante-neuf ans, ce que tant d'hommes ont de plus cher que la vie, « le rang, l'état, la fortune, toutes choses qui font l'intérêt et le prix de la vie sociale, mille fois plus précieuse à l'homme civilisé que la vie matérielle (2), » toutes choses aussi qui tiennent tant de place même dans nos habitudes intimes et dans nos jouissances privées. Cette révolution soudaine dans son existence ne trouva point M. Nault insensible ; mais il ne succomba point à l'épreuve. Il ne s'exila point de sa ville natale ; il resta au milieu de ses compatriotes, rentrant sans efforts dans la simplicité de ses habitudes premières, et donnant à tous l'exemple d'une disgrâce supportée sans ostentation comme sans dépit. Il ne reparut point au barreau ; il ne rouvrit point son cabinet. Pour échapper à *cet inexorable ennui qui fait le fond de la vie humaine,* comme parle Bossuet, il choisit, si je ne me trompe, la meilleure part ; il se réfugia dans la Religion et dans les Lettres.

La Religion, M. Nault l'avait reçue, enfant, des lèvres d'une mère fortement chrétienne. Jeune homme, il avait été préservé de l'incroyance, comme beaucoup d'entre nous, par l'éclatante protestation du *Génie du Christianisme,* puis par l'exemple et par les entretiens fortifiants

---

(1) M. le chevalier de Berbis.
(2) M. Nault, Mercuriale de 1829.

de M. Riambourg. Homme fait, il était demeuré fidèle à
la foi de ses jeunes années, relisant sans cesse Bourda-
loue, qui avait été comme le bréviaire de sa mère, et
dans lequel il trouvait ces leçons de détachement de ce
qui passe qui firent la consolation de sa retraite. « Les
honneurs qu'on nous a rendus ne sont plus rien, lui disait l'orateur chrétien : l'oubli, qui lui-même est une es-
pèce de mort, les a anéantis dans la mémoire des
hommes. » M. Nault s'appropriait après 1830 ces lignes
austères, et il ajoutait en marge : « Oublions-les donc
nous-mêmes, ces honneurs, non pas à ce point pourtant
que les hommes puissent penser que nous n'en étions pas
dignes (1). »

Telles étaient les dispositions de son esprit quand pa-
rurent les *Preuves de la Religion* par le frère de sa mère,
M. l'abbé Lacoste, ancien curé de Genève, le dernier,
mais non le moins remarquable assurément de cette famille privilégiée. M. Nault prit feu sur cet ouvrage ; il
en fit le sujet d'un sérieux travail, qu'il lut à l'Académie
en 1835 sous ce titre : *Vue générale de la Religion con-
sidérée dans ses preuves et dans sa doctrine.* Ce fut comme
le germe du bon livre qu'il publia en 1837 : *Vérité catho-
lique,* — livre qui a eu deux éditions et qui a été honoré
d'un bref de félicitations du Souverain Pontife, dont
M. Nault a gardé le secret jusqu'à son dernier jour. La
seconde partie de cet ouvrage, plus développée que la
première, est peut-être ce que M. Nault a écrit, sinon de
plus neuf, au moins de plus pur et de plus irréprochable.
Rien de tourmenté dans la diction ; tout y coule de
source ; tout est marqué au coin d'une élégance sobre et

---

(1) M. NAULT, *Pensées diverses,* œuvre posthume (1856).

naturelle. L'auteur a joint à la seconde édition une sorte de revue des Pères de l'Eglise considérés comme écrivains, coup-d'œil trop rapide peut-être, quelle que soit la pénétration du juge.

Sa dette acquittée envers la vérité par excellence, M. Nault ne crut pas indigne de lui de défendre une vérité d'un autre ordre, dont l'intégrité importe plus qu'on ne le pense communément à la préservation de la raison publique ; il s'agit de la vérité littéraire. De là les lectures faites par M. Nault à l'Académie sur la littérature du XVIIᵉ, du XVIIIᵉ et du XIXᵉ siècle (1). L'auteur n'est point un conservateur endurci : il admire Shakspeare à l'égal d'Homère, il reconnaît que la littérature classique a ses lacunes, il a même trop promptement admis peut-être qu'elle avait fait son temps ; mais c'est pour proclamer plus haut encore que, « dans ses monuments, elle reste immortelle. » C'est pour proclamer aussi qu'en rompant l'unité, en effaçant tout centre commun dans les affections du cœur et dans la pensée, l'autre école tend incessamment à fausser le goût et à ruiner les mœurs (2).

Cette conclusion ressort avec un bien autre relief encore de l'œuvre posthume de M. Nault, de ses *Pensées diverses*, ciselées comme des diamants, et qui seront peut-être un jour son premier titre littéraire. C'est là qu'il flétrit, à propos de Jean-Paul Richter, « ces compositions consacrées au culte de l'avenir, où le prophète,

----

(1) M. Nault était entré à l'Académie le 24 février 1816. Il fut nommé Vice-Président de cette Compagnie le 15 janvier 1817. Il en a été le Président depuis le 20 mai 1840 jusqu'au 20 décembre 1843.

(2) *Coup d'œil sur la littérature du XVIIᵉ siècle*, page 15.

en poursuivant l'inconnu, rencontre l'inintelligible. »
C'est là qu'il écrit ces paroles significatives : « Quelques
éclairs qui traversent une nuit obscure ne nous feront
jamais aimer les ténèbres, » pensée qu'un homme d'esprit complétait en disant qu'on n'aime pas à se promener
longtemps par le brouillard. C'est là qu'il met si ingé-
nieusement en regard l'auteur de *Delphine* et celui de
la *Princesse de Clèves*. C'est là qu'il juge en maître les
vivants et les morts, Lamartine, Victor Hugo, George
Sand, Balzac, — Lamennais, « esprit plus fort que juste et
plus opiniâtre que fort ; » Byron, « type de force, d'or-
gueil et d'égoïsme, digne d'admiration et de haine. »

Que dirai-je des autres esquisses de l'auteur, aussi va-
riées que les lectures dont il charmait un loisir « plus
pesant à porter que le joug des affaires (1) ? » Parlerai-je
de son étude de M. de Chateaubriand, ou de son frag-
ment sur Pascal, deux hommes tels que je ne sais en vérité si l'on en pourrait citer de plus dissemblables, et
qui pourtant ont cela de commun qu'ils ont été les deux
auteurs de prédilection de M. Nault, ceux qu'il a le plus
relus et le plus aimés ? Rappellerai-je ses charmants *Sou-
venirs de la musique*, son appréciation de Fenimore Coo-
per et de *Paul et Virginie*, ou son jugement sur Beaumarchais ? Essaierai-je de caractériser les pages vraiment
magistrales consacrées par l'ancien Procureur Général à
ces gloires du Parquet : Omer Talon, Denys Talon, Bellart ? La tâche serait considérable. M. Nault a beau
insister sur le conseil qui lui a été donné : *Soyez l'homme
d'un livre !* On voit, et nous nous en félicitons, qu'il a

---

(1) Préface de *Une Esquisse de Beaumarchais.*

été l'homme de beaucoup de livres. Or, pour apprécier comme il conviendrait les jugements qu'il porte, il me faudrait juger à mon tour tous les écrivains qu'il a fait successivement comparaître à sa barre, et ce serait, je le crains, excéder les bornes qui me sont imposées. Je dirai donc seulement que M. Nault, quelque sujet qu'il traite, se recommande partout par les qualités qui font les maîtres, et que, si chacun de ces fragments ne portait sa date imprimée, on les croirait tous en vérité du même temps, et du *meilleur temps* de l'auteur. Rare privilége des plus rares esprits : ne point vieillir; conserver sous les glaces de l'âge l'immortelle jeunesse des dieux de la fable, la jeunesse de l'ame avec ses dons les plus heureux, l'enthousiasme et la fraîcheur! Il n'y a pas en vérité d'exagération à dire que M. Nault est mort les armes à la main, puisqu'il est mort au moment de rendre public son hommage à la mémoire de Bellart, finissant ainsi en quelque sorte sous la robe rouge et sous l'hermine (1).

Un Dijonnais d'un autre siècle, Michault, je crois, a écrit ceci : « *Nemo propheta in patria,* surtout quand la patrie est précisément Dijon. » M. Nault a donné un démenti au proverbe ; il a été prophète dans son pays. La bienveillance qui avait salué ses débuts lui a été fidèle jusqu'au dernier jour. Et c'était justice ; car peu d'hommes ont été plus exempts d'envie; peu d'hommes ont loué les autres avec plus d'effusion ; peu d'hommes enfin ont été moins malveillants dans leur langage. Dans cette conversation étincelante qui était peut-être le don le plus

---

(1) M. Nault est mort le 12 février 1856.

éminent de cette intelligence si vive et si prompte, on a
pu surprendre parfois une malice, jamais un mot qui
ressemblât même de loin à une méchanceté.

Et maintenant, comment honorer d'une manière digne
de lui le magistrat, l'écrivain, l'homme excellent que
nous avons perdu? Nous repasserons souvent, Messieurs,
dans notre esprit et dans notre cœur, les exemples qu'il
nous a donnés dans la vie et dans la mort. Nous aime-
rons à les redire à ceux qui ne l'ont pas connu. Nous relirons surtout le testament littéraire qu'il nous a laissé :
ces *Pensées* qui lui survivent comme la meilleure portion
de lui-même, qui ne sont pas toutes également incon-
testables sans doute, mais où respire partout un sentiment si vrai du beau et du bon; — ces *Pensées* trop
courtes où il revit tout entier, où nous retrouvons tout
ensemble, avec la foi si ferme et si sereine du chrétien,
la mûre expérience du magistrat et de l'homme du
monde, le trait vif et acéré de l'homme d'esprit, le tact
si exercé de l'homme de goût, le cœur si pur de l'homme
de bien, comme nous y retrouvons aussi l'écrivain à son
heure la mieux inspirée. Oui, nous relirons, nous mé-
diterons ces *Pensées* qu'il dédie avec confiance aux
hommes qui l'ont pratiqué, et parmi lesquelles vous
voulez bien que je m'arrête à celle-ci : « Laisser une
« mémoire honorée est une partie de notre héritage
« dont jouiront les survivants que nous avons aimés! »